¿Contrarios?

Un libro para ejercitar el arte de pensar

¿Contrarios? Un libro para ejercitar el arte de pensar
Título original: LE LIVRE DES GRANDS CONTRAIRES PHILOSOPHIQUES

Tradujo Sandra Sepúlveda de la edición original en francés de Éditions Nathan, París.

© 2007, Oscar Brenifier (por el texto)
© 2007, Jacques Desprès (por las ilustraciones)
Publicado según acuerdo con Éditions Nathan, París.

D.R. ©, 2008 Editorial Océano S.L.
  Milanesat 21-23
  Edificio Océano
  08017 Barcelona, España
  Tel. 93 280 20 20
  www.oceano.com

D.R. ©, 2008 Editorial Océano de México, S.A. de C.V.
  Blvd. Manuel Ávila Camacho 76, 10° piso
  Col. Lomas de Chapultepec, Del. Miguel Hidalgo
  Código Postal 11000, México, D.F.
  www.oceano.mx

Tercera reimpresión: enero 2013

ISBN 978-84-494-3843-1 (Océano España)
ISBN 978-607-400-005-4 (Océano México)
Depósito legal: B-12940-LI

HECHO EN MÉXICO / *MADE IN MEXICO*
IMPRESO EN ESPAÑA / *PRINTED IN SPAIN*

9002444040113

¿Contrarios?

Un libro para ejercitar el arte de pensar

Texto de
Oscar Brenifier

Ilustraciones de
Jacques Després

OCEANO Travesía

¿Por qué pensar en los contrarios?

Porque sin contrarios no podemos

Aprendemos los contrarios desde que somos muy pequeños.
Desde la edad más temprana descubrimos que las ideas se oponen y se comprenden una gracias a otra: lo alto es contrario a lo bajo, lo frío de lo caliente, la oscuridad de la luz.

Cuando crecemos, nuestro pensamiento se vuelve más sutil, es capaz de comprender nociones más abstractas, ideas más complejas. Pero siempre continúa necesitando a los contrarios, ya que estas grandes oposiciones universales estructuran nuestro espíritu, le permiten reflexionar y nos ayudan a ser un gran niño o un gran filósofo. ¿Cómo concebir al espíritu sin oponerlo al cuerpo, al infinito sin oponerlo a lo finito, al ser sin oponerlo a la apariencia?

pensar. Este libro se fundamenta en esta necesidad.

Este libro muestra que en cada una de estas parejas siempre necesitamos por igual a los dos contrarios, incluso si uno nos parece más evidente o más importante, incluso si el otro nos asusta o nos parece impensable. A veces, intentamos escapar de esta tensión fusionando los contrarios, olvidándolos, decretándolos como complementarios- y, ¿por qué no?…

La lectura de esta obra es una meditación que nos invita, a través de los textos y las imágenes, a descubrir el placer de entrever la unidad del ser a través de sus oposiciones y llegar a los límites de nuestro pensamiento. Es un placer que podemos experimentar en todas las edades de la vida.

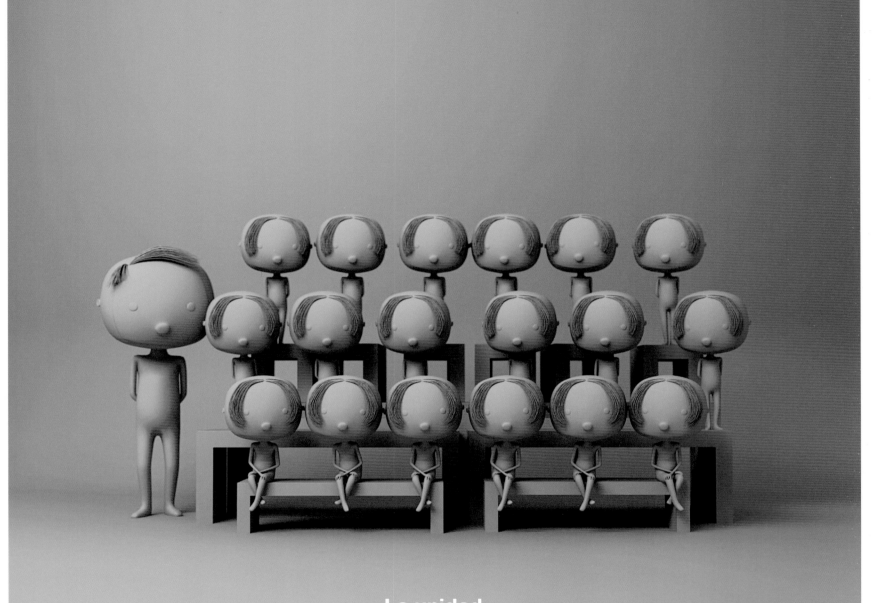

La unidad,
Es aquello que hace que veamos un conjunto
como una sola cosa, por ejemplo: un grupo de
escuela. No importa cuántos alumnos la compongan,
hablamos del grupo como si se tratara
de un conjunto indivisible.

La multiplicidad,
es aquello que hace que descompongamos
una cosa en sus múltiples elementos.
No hay un grupo, sino muchos
alumnos diferentes.

¿Un objeto es sólo un objeto
o es una reunión de elementos,
un conjunto de pequeñas partículas?

uno | múltiple

Todo lo que conocemos es a la vez una y muchas cosas.
Según lo que queramos hacer o decir, empleamos la unidad
o la multiplicidad. Para darle un nombre a una cosa, o para
acomodarla en alguna categoría, debe ser una sola cosa, por
ejemplo, un robot. Para describirla o comprenderla, debe ser
muchas cosas, por ejemplo, las piezas que componen
o hacen funcionar a ese robot. Esto explica por qué nos sentimos
a nosotros mismos como una sola persona, con nuestra identidad
propia, y a la vez muchas personas, con nuestros cambios de
humor, nuestras ideas diversas y nuestras contradicciones.

Lo que es finito,
es aquello de lo cual podemos ver el
principio, el final o los límites. Vemos su
forma, ahí donde nuestra mirada se detiene.
Un círculo es finito cuando podemos conocer
su centro y percibir su circunferencia.

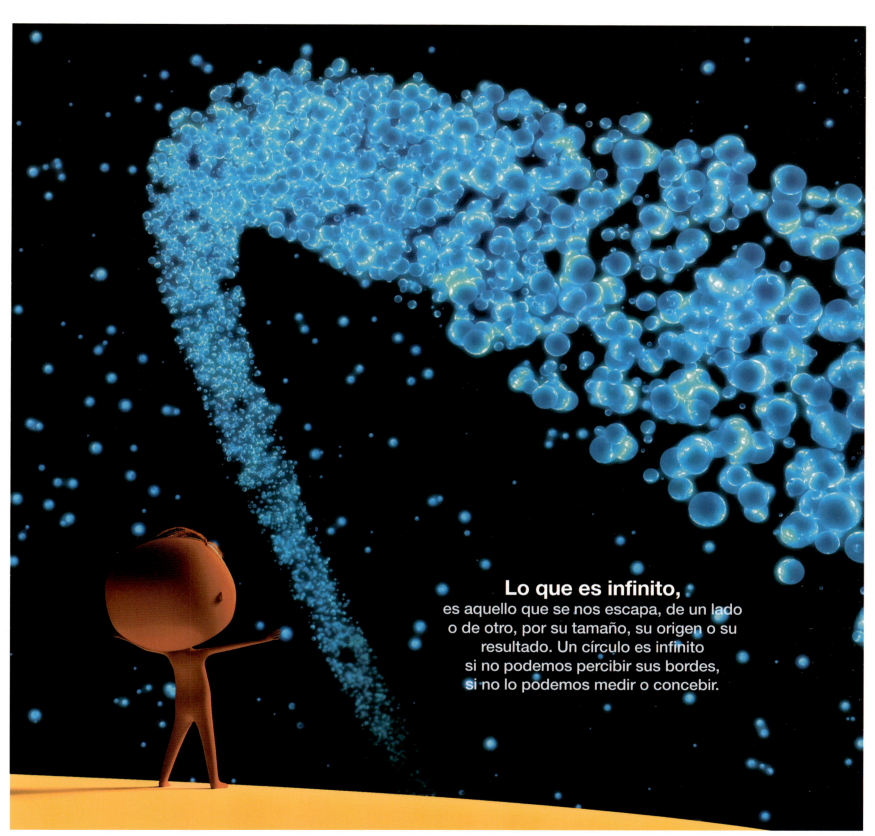

Lo que es infinito,
es aquello que se nos escapa, de un lado
o de otro, por su tamaño, su origen o su
resultado. Un círculo es infinito
si no podemos percibir sus bordes,
si no lo podemos medir o concebir.

finito | infinito 2

¿El universo
es un grano de arena
en la inmensidad de la nada...

... o una inmensidad
tan grande que no podemos
comprenderla o imaginarla?

finito | infinito | 3

Lo finito se opone a lo infinito. Sin embargo, no podemos comprender lo infinito sin contar siempre más allá con numerosos finitos: 1, 2, 3, 4... Del mismo modo, cada número finito puede ser dividido al infinito: 4, 2, 1, ½, ¼... Así, cada partícula de polvo puede ser descompuesta hasta el punto en que sobrepasa nuestra imaginación. De la misma manera, todas estas partículas pueden multiplicarse al infinito. Así, el Universo es un infinito de infinitos compuesto de objetos finitos.

Nuestro espíritu se pierde en su inmensidad. Sin embargo, este infinito nos atrae, como si lo necesitáramos para comprender dónde estamos, quiénes somos y cuáles son nuestras partes de finito e infinito.

El ser,
es el corazón de una cosa o un ser viviente.
Es su realidad profunda, la que no cambia
con las miradas y las circunstancias.
Un pescado puede ser un pescado
aun cuando no lo aparente.

La apariencia,
es la que nos permite conocer
un objeto o un ser viviente al observarlo,
al escucharlo, al tocarlo o al utilizarlo.
Un pescado puede no ser un pescado,
a pesar de aparentarlo.

¿El ser es revelado siempre por su apariencia?

ser | apariencia 3

A menudo, la apariencia nos permite reconocer las cosas.
Así como conocemos las ideas y los pensamientos a través de
las palabras y los gestos. Las cosas no tendrían ninguna realidad
para nosotros si no las percibiéramos, si no las utilizáramos.
Por ejemplo, una pelota desinflada ¿sigue siendo una pelota?
Las apariencias a veces nos engañan. También sucede que no
corresponden en absoluto a aquello que nos hacen creer. Incluso
podemos afirmar que nunca conocemos lo que verdaderamente
es una persona o una cosa. Yo fui un embrión minúsculo alguna
vez, luego seré un adulto y, al final, un esqueleto polvoriento:
¿cómo puedo saber quién soy en realidad?

La libertad,
es la posibilidad de elegir
por nosotros mismos aquello que pensamos,
hacemos, amamos, a dónde vamos,
cómo nos comportamos...

La necesidad,
es aquello que no podemos elegir,
lo que nos es impuesto y nos obliga.
Es a lo que debemos obedecer.

¿Puede existir la libertad
sin tener en cuenta a la necesidad?

libertad | necesidad

Muchas veces pensamos que la libertad es poder hacer todo lo que queremos, sin límites, sin obligaciones. Para esto, necesitaríamos ser algún dios capaz de dominarlo todo. La vida en sociedad nos obliga a obedecer algunas reglas. La naturaleza también nos somete a su ley: nadie elige nacer niño o niña. Todo mundo debe comer, beber y dormir para sobrevivir. Todo lo que existe es libre sólo dentro de los límites de lo que es.

Nuestra libertad como seres humanos es inmensa, ya que somos capaces de tomar decisiones y de ser responsables por ello. Esto nos complica las cosas: a causa de esta libertad, dudamos antes de tomar la decisión correcta, los demás se burlan de nosotros cuando nos equivocamos, debemos reflexionar, y nos sentimos culpables cuando cometemos algún error. Pero esta conciencia que nos permite hacer grandes cosas, es la que nos distingue de los animales, la que nos hace verdaderamente humanos.

La razón,
es la capacidad que tenemos de reflexionar antes de
actuar, de cuestionar y analizar lo que existe, de prever
las consecuencias de nuestras acciones lo mejor posible.
También es la voluntad de dar una explicación lógica a
las cosas para comprenderlas y controlarlas.

La pasión,
es el movimiento del corazón
y del espíritu que padecemos
sin poderlo controlar o resistir.
Es una atracción no pensada
que nos empuja hacia algo
o hacia alguien, hacia una idea
o hacia una actividad.

¿Debemos seguir a nuestra razón
o a nuestra pasión?

razón | pasión | 3

Ciertas personas parecen ser dirigidas por su pasión:
escuchan sus deseos, sus ganas, sus sentimientos personales.
Otras, por el contrario, parecen dominadas por su razón: razonan
sobre cualquier cosa, quieren explicarlo todo.

Pero si nos fijamos mejor, nos daremos cuenta de que cada uno
de nosotros oscila entre la razón y la pasión. En ciertos momentos
no sabemos resistirnos a la pasión, como cuando estamos
enamorados. En otros momentos, la razón nos guía, como cuando
debemos pensar en trabajar para vivir. Pero, aunque la razón y la
pasión se oponen frecuentemente, es también su combinación
la que nos permite crear e innovar. En todos los campos, en la
ciencia o las artes, el genio quizá sea una combinación sutil de
estas dos caras de nuestra personalidad, las cuales no siempre
van bien juntas.

La naturaleza,
es aquello que existe fuera del dominio del ser humano.
Es la vegetación y los animales, las rocas y las montañas,
los ríos y los mares, el cuerpo humano y su cerebro.
Es también todo lo que gobierna la vida y es necesario para ella.

La cultura,
es el producto de la inteligencia humana:
el lenguaje, las ideas, el arte, las ciencias, las técnicas,
así como las obras y los trabajos que surgen de éstos y cambian el mundo.
También es las costumbres, los ritos y las creencias
que unen a los seres humanos en una misma sociedad.

¿La cultura le permite al hombre superar su naturaleza?

naturaleza | cultura : 3

Todos estamos obligados a morir porque pertenecemos al gran ciclo de la naturaleza. Y porque la naturaleza nos dio un cerebro más complejo que el de otros animales, todos sabemos que habremos de morir, aun si la medicina aleja temporalmente las fronteras de la muerte. Esta certeza nos empuja a darle un sentido a nuestra existencia y a dejar un rastro de nuestro paso sobre la Tierra. Es por esto que pensamos, creamos obras de arte, inventamos y fabricamos todo tipo de cosas, transformamos el mundo y conquistamos el espacio, y erigimos tumbas para nuestros muertos. Aun si nuestra cultura no nos permite modificar nuestra naturaleza mortal, nos ayuda a tener conciencia de ella, a aceptarla y a superarla.

El tiempo,
es el movimiento,
la sucesión de acontecimientos
que hacen cambiar las cosas y a las
personas. Es lo que comienza
y termina, todo lo que sucede.
Es el pasado, el presente y el futuro.

La eternidad,
es aquello que dura o parece durar
sin jamás detenerse,
o incluso lo que no cambia
o no cambiará jamás. Es lo que parece existir
fuera del tiempo y de su dominio.

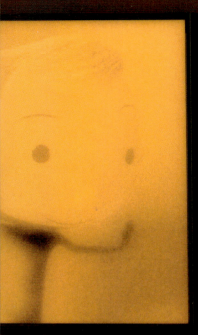

¿Puede el tiempo durar una eternidad?

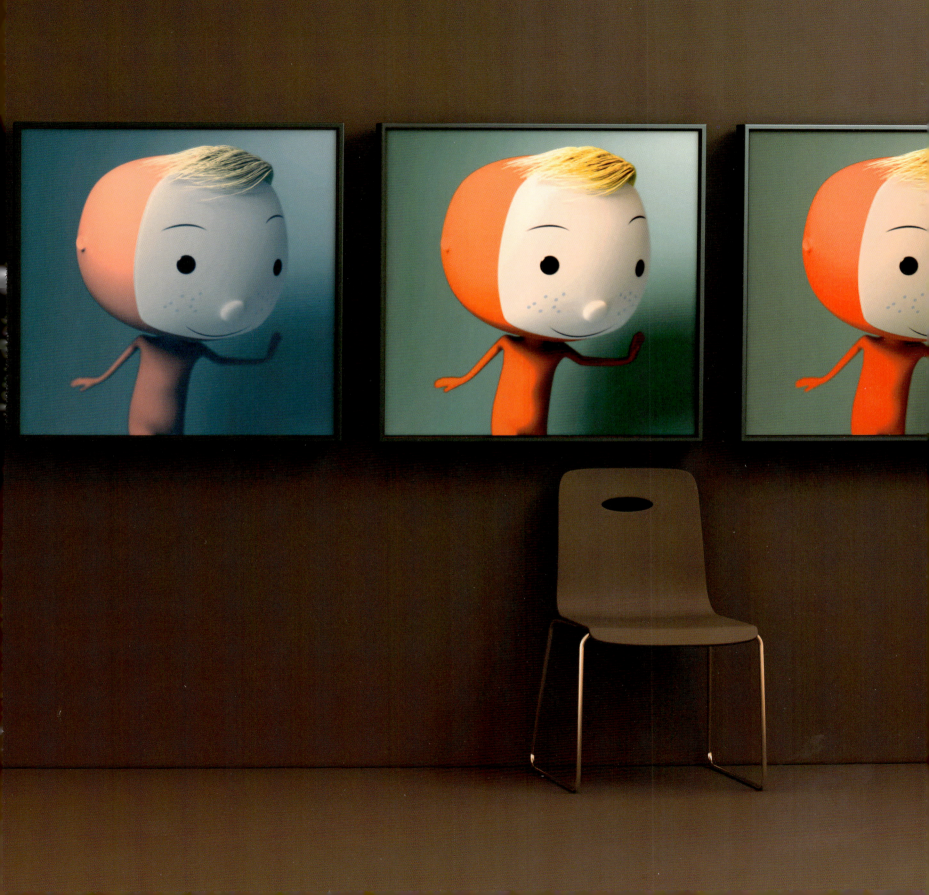

tiempo | eternidad 3

Nacemos, crecemos, morimos: nuestra vida está inscrita dentro de un tiempo definido. Sin embargo, cuando hacemos algo que nos gusta de verdad, el tiempo parece detenerse. Nos sentimos eternos. Pero la eternidad es inmensa, aun más que el tiempo del Universo, después del Big Bang. Nos es difícil comprender o imaginar ese tiempo sin fin, un tiempo donde el tiempo no existe más. Para algunos, la única forma que podemos darle a esta idea es la de un dios inmutable.

Sin embargo, tenemos necesidad del tiempo y de la eternidad a la vez, para poder concebir el movimiento o la estabilidad de todo lo que nos rodea y de nuestra propia existencia. No podemos ser una misma persona si no perdura en nosotros alguna cosa que no cambie, alguna cosa que sea constante desde nuestra concepción hasta nuestra muerte, y al mismo tiempo, no podemos estar vivos si no envejecemos a cada instante. Sin duda, somos al mismo tiempo eternos y mortales.

Yo,
es mi individualidad, es lo que hace
que yo sea una persona diferente, específica, irremplazable.
Con un nombre, una apariencia, gustos,
sentimientos, una personalidad, un pensamiento
que no pertenece a nadie mas que a mí.

El otro,
es aquel que no soy yo,
que posee un cuerpo y un espíritu que no son los míos,
pero que, como yo, tiene un nombre, una apariencia,
gustos, sentimientos, una personalidad, un pensamiento
que no pertenece a nadie más que a él.

¿Cada ser humano
es un yo único
o un yo parecido
a todos los otros?

yo | el otro | 3

Cada uno de nosotros es único y debe ser reconocido y respetado por su individualidad. Sin embargo, porque todos somos seres humanos, porque vivimos todos juntos en familia y en sociedad, tenemos muchos puntos en común. También contamos unos con los otros. Para nacer y aprender, nadie puede existir solo. Pero muchas veces, los otros no nos comprenden. Por otra parte, también nos sucede que no nos entendemos o nos sorprendemos a nosotros mismos, para bien o para mal. Sin embargo, nos reconocemos en los otros cuando nos agradan, cuando sufren o cuando piensan como nosotros. Y al compararnos con ellos, nos damos cuenta en qué cosas somos similares o diferentes, y así logramos comprender mejor quiénes somos.

El cuerpo
es nuestro ser material, hecho de carne y hueso.
Su existencia tiene una duración, que comienza al nacer
y termina al morir. Es indispensable para nosotros,
gracias a él tenemos vida. Por esta razón
debemos alimentarlo, vestirlo, protegerlo, entretenerlo
y satisfacer todas sus necesidades.

El espíritu

es nuestro ser inmaterial, el que nos hace humanos.
Sin él, seríamos un animal como los otros. Nos permite
alcanzar cosas grandes y bellas, salir de nosotros
mismos, comprender, inventar y soñar.

¿Es el hombre **un cuerpo,**
limitado por el espacio y el tiempo,
o **un espíritu** que no se encuentra en
ninguna parte, que puede pensar todo el
Universo y toda la Historia,
y aspirar a la inmortalidad?

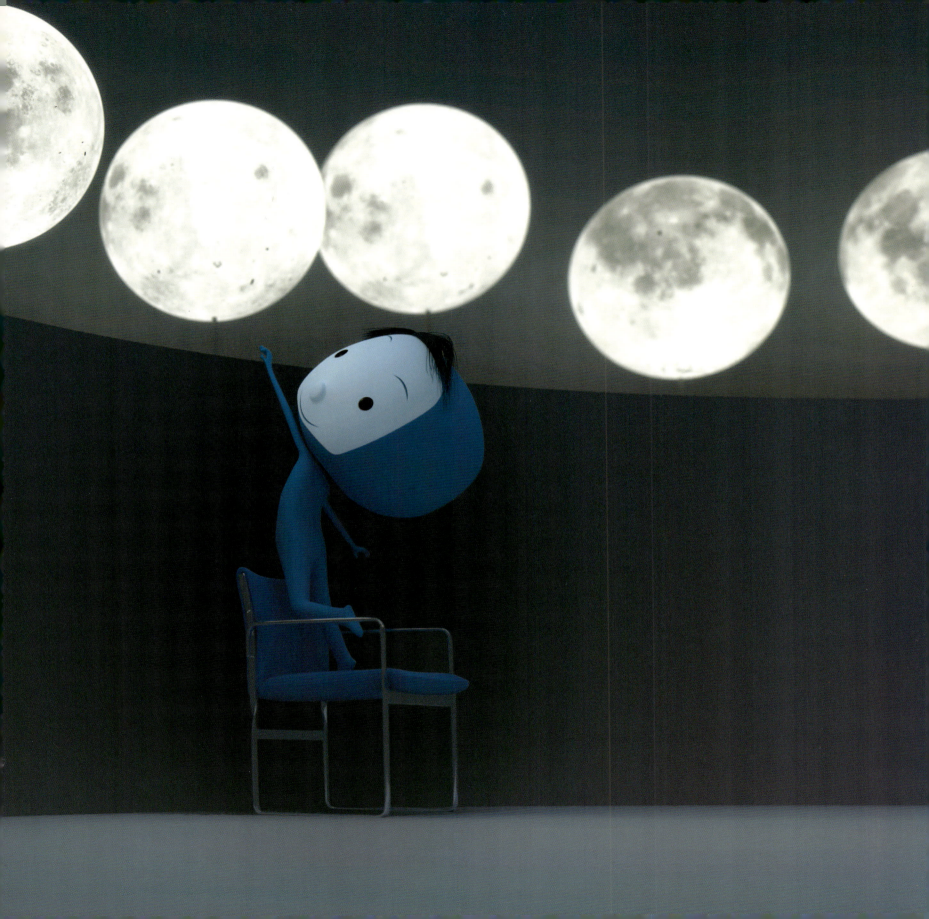

cuerpo | espíritu | 3

El cuerpo y el espíritu se oponen frecuentemente, incluso se encuentran en conflicto, pues no tienen las mismas necesidades, ni los mismos placeres o intereses. Sin embargo, interactúan uno con el otro, se transforman y se complementan mutuamente, ya que cada uno hace lo que el otro no sabe hacer. La cuestión es averiguar cuál de los dos debe dominar a fin de cuentas. Pues, a su modo, cada uno de los dos olvida sin cesar que no está solo, el cuerpo con sus necesidades corporales, el espíritu con sus necesidades espirituales. Ahora bien, el alimento del cuerpo no es el mismo que el alimento del espíritu.

Lo que es activo,
es lo que actúa sobre otra cosa,
como un remero sobre un bote,
una piedra que choca contra otra piedra,
el sol que brilla o una idea que nos hace soñar.
Todo esto que es activo es la causa
de algo, actúa sobre otras cosas
modificándolas.

Lo que es pasivo,
es lo que padece la acción de algo,
como un remero que se deja arrastrar por
una ola, una persona que
no puede tomar una decisión,
la nieve que se derrite por el calor,
el placer que nos produce una buena película.
Todo lo pasivo es determinado
por algo exterior a él.

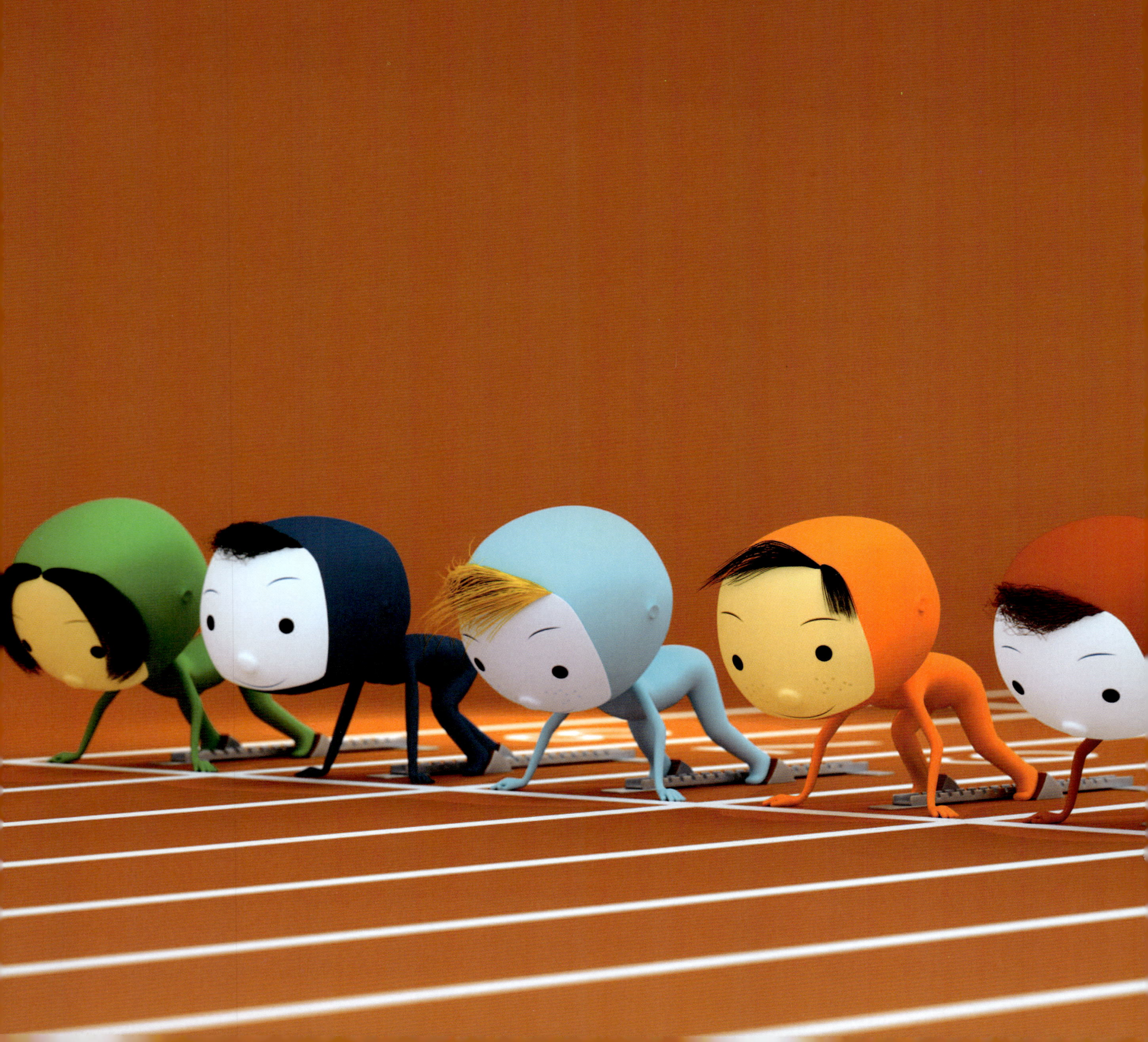

Esperar, ¿es estar activo o pasivo?

activo | pasivo

A veces deseamos algo con mucha fuerza, actuamos para obtenerlo, pero todos nuestros esfuerzos son en vano. A veces, por el contrario, cuando no hacemos más que esperar, cuando sólo somos pacientes, las cosas suceden por sí mismas. Entonces, nos parece que nuestra pasividad actúa. ¿Somos entonces activos o pasivos? Tal vez sea necesario actuar sobre uno mismo para aprender a esperar. De la misma manera, pensamos que el muro que sostiene el techo de una casa es pasivo, hasta el día en que se cae. Entonces nos damos cuenta de que antes actuaba de manera eficaz. Sin duda debemos concluir que todo actúa sobre todo sin que nos demos cuenta necesariamente: así, todo puede ser visto como activo y pasivo a la vez.

Una idea es objetiva
cuando no depende de quién habla.
Expresa y refleja fielmente la realidad, sin modificarla, sin que
su autor introduzca elementos personales. Decimos que una idea
es objetiva cuando podemos observar o comprobar
lo que expresa, cuando ha sido verificada por experiencias
o cuando es cierta para mucha gente.

Una idea es subjetiva
cuando sólo nos pertenece a nosotros, porque depende
de nuestra manera de pensar, de nuestro carácter, de nuestro humor,
de nuestros sentimientos. Compete a nuestras experiencias
personales, nuestras convicciones, nuestra visión de las cosas.
Expresa nuestra existencia particular, nuestra manera de ser.

¿Una persona sola puede expresar
una verdad objetiva?

objetivo | subjetivo 3

Cuando estamos tristes afirmamos que el vaso está medio vacío, cuando estamos contentos afirmamos que está medio lleno. También podemos medir el contenido y afirmar que el vaso contiene 6 centilitros. Sin embargo, cuando los científicos sostuvieron por primera vez que la Tierra era redonda, que los objetos pesados podían volar o que las enfermedades provenían de los microbios, se les acusó de tener ideas personales peligrosas o de estar locos. Por el contrario, cuando un músico o un poeta expresa un sentimiento personal, parece tener la capacidad de describir lo que le sucede a todo el mundo: el amor, el dolor, la felicidad... Así, para descubrir la objetividad, a veces hace falta llegar hasta el fondo de nuestra subjetividad, y a veces tenemos que abandonarla por completo.

La causa,
es aquello que genera una nueva existencia,
lo que provoca una transformación, lo que contribuye
a la llegada de un acontecimiento.
Todo lo que sucede tiene una causa,
nada pasa sin que algo lo haya provocado.

El efecto,
es la consecuencia de algo,
aquello que es provocado por una causa.
Todo lo que es, todo lo que existe
es efecto de algo,
y produce a su vez otros efectos.

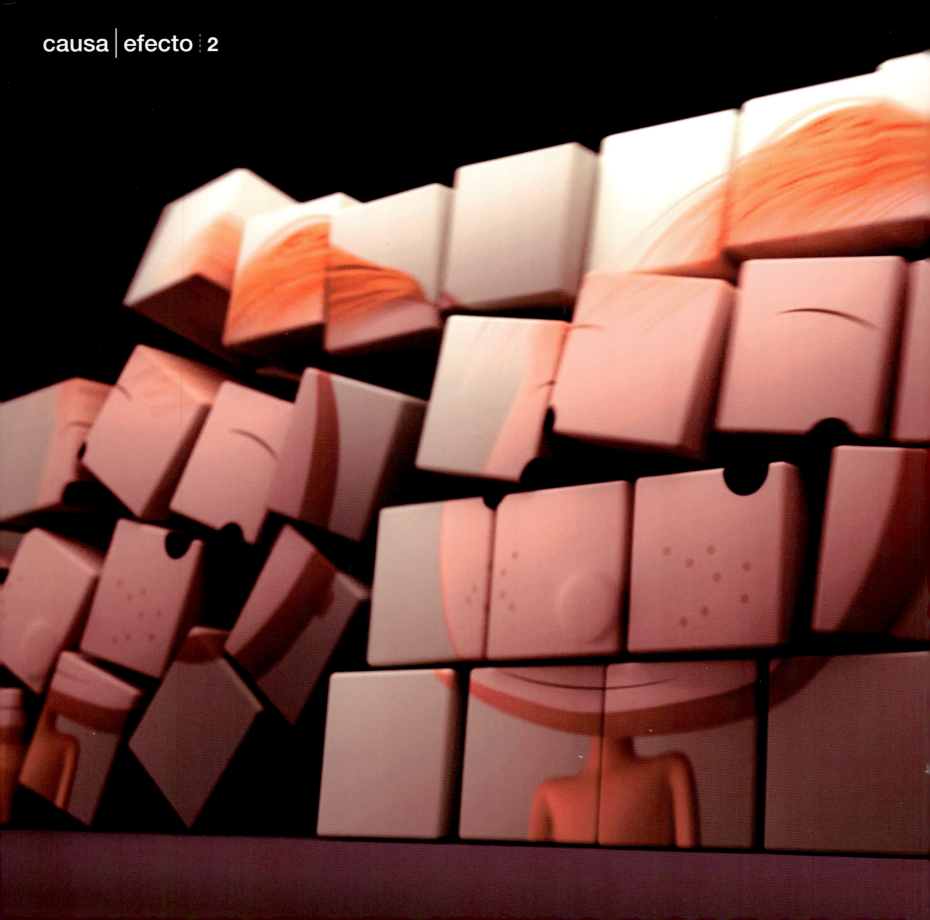

causa | efecto | 2

¿Mi existencia es
producto de **múltiples causas,**
o es el resultado
de una **serie de efectos?**

causa | efecto 3

Todos los días actuamos, a cada instante producimos efectos a nuestro alrededor. Aunque muchas veces no somos concientes de esos efectos. De la misma manera, olvidamos todo lo que nos engendró, todo aquello que nos hace vivir o nos transforma, ya que demasiadas causas, demasiadas razones contribuyen a nuestra existencia, a nuestra manera de ser. Vivimos en un gran juego de dominó, una larga cadena muy compleja donde nada ocurre sin razón, donde nada sucede sin consecuencias, donde finalmente todo parece estar relacionado. Todos dependemos de las cosas y de las acciones de lo demás, a tal punto que a veces nos preguntamos dónde se encuentra nuestra libertad.

Oscar Brenifier es doctor en filosofía y pedagogo. Ha trabajado en varios países promoviendo talleres de filosofía para adultos y prácticas filosóficas para niños. Ha publicado la colección para adolescentes *L'apprenti-philosophe* (El aprendiz filósofo) de Nathan, y la obra *Questions de philo entre ados* (Preguntas de filo(sofía) entre adolescentes) de Le Seuil, así como la colección para niños *PhiloZenfants* (Filosoniños) de Nathan, traducido a numerosas lenguas, y *Les petits albums de philosophie* (Los pequeños álbumes de filosofía) de Autrement. También ha publicado manuales para profesores, *Enseigner par le débat* (Enseñar para el debate) de CRDP, y *La pratique de la philosophie à l'école primaire* (La práctica de la filosofía en la escuela primaria) de Sedrap. Es autor del informe *La philosophie non académique dans le monde* (La filosofía no académica en el mundo) financiado por la UNESCO.
www.brenifier.com

Jacques Després. Debía haber sido joyero, como lo dictaba la tradición familiar, pero se integró clandestinamente a las Bellas Artes. A principios de los noventa, todavía de manera clandestina, Jacques decide renunciar a la corriente de las artes reconocidas y se embarca hacia este nuevo medio, todavía balbuceante, que es la ilustración digital. Esta disciplina se afirma rápidamente como uno de los campos de investigación más extraordinarios en la prodicción de imágenes. Con el transcurso de los años, fue llevado a trabajar en áreas tan variadas como la animación, el juego o la escenografía. *¿Contrarios?* es su primer libro, la corona de sus muchos años de reflexión sobre el espacio, el cuerpo y la luz.